1
PRIMAIRE

Vaincre

ORTHOGRAPHE

CATHY CHEVAL

Érasme

Vaincre Orthographe - 1

Érasme SA - Place Baudouin Ier, 2 B - 5004 Namur

Directeur de collection : Joseph Maquoi
Auteure : Cathy Cheval
Éditrice : Amélie Ménard
Suivi éditorial : Louisa Constant
Maquette : Charlotte Jansen
Mise en pages : Marine Domec
Illustrations : Alice Turquois

www.editionserasme.be/vaincre

978-2-87438-418-9
D/2015/0132/24
EB4624-I/122014

Table des matières

Alphabet

a	A	a	A	n	N	n	N
b	B	b	B	o	O	o	O
c	C	c	C	p	P	p	P
d	D	d	D	q	Q	q	Q
e	E	e	E	r	R	r	R
f	F	f	F	s	S	s	S
g	G	g	G	t	T	t	T
h	H	h	H	u	U	u	U
i	I	i	I	v	V	v	V
j	J	j	J	w	W	w	W
k	K	k	K	x	X	x	X
l	L	l	L	y	Y	y	Y
m	M	m	M	z	Z	z	Z

Référent des sons

[a] comme dans ***chat***

[i] comme dans ***lit***

[wa] comme dans ***armoire***

[l] comme dans ***lune***

[ʀ] comme dans ***robe***

[u] comme dans ***poupée***

[y] comme dans ***usine***

[ɔ̃] comme dans ***ballon***

1. Complète la phrase avec ton prénom.

Bonjour, je m'appelle ....

2. Complète ces phrases.

Mon animal préféré est ....

Ma couleur préférée est ....

Mon meilleur ami s'appelle ....

Ma meilleure amie s'appelle ....

3. La phrase est mélangée. Écris-la dans le bon ordre.

première	en	année	suis

Je ....

4. Complète cette phrase.

Dans ma classe, il y a ....

....

....

Pour t'aider, tu peux choisir des mots dans cette liste.

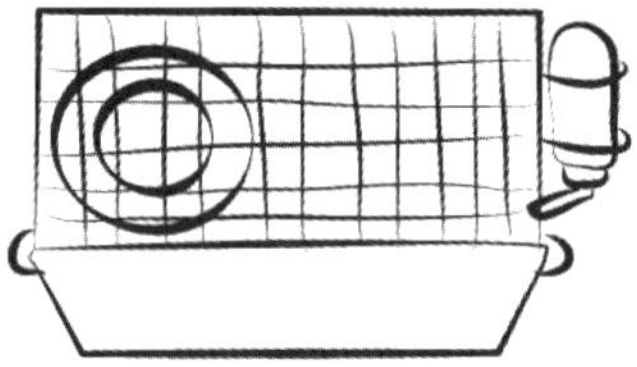

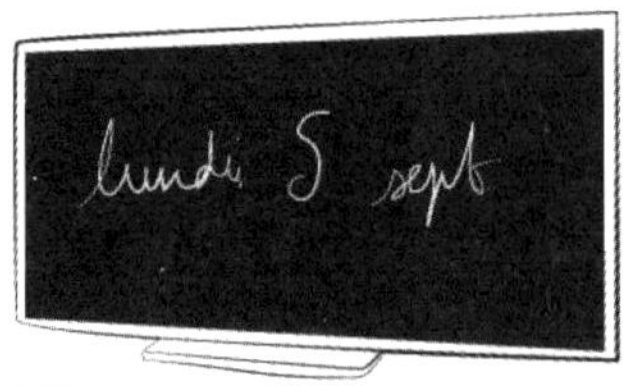

un lapin
un hamster
blanc
petit
une cage
avec
une plante
une table
des armoires
un tableau

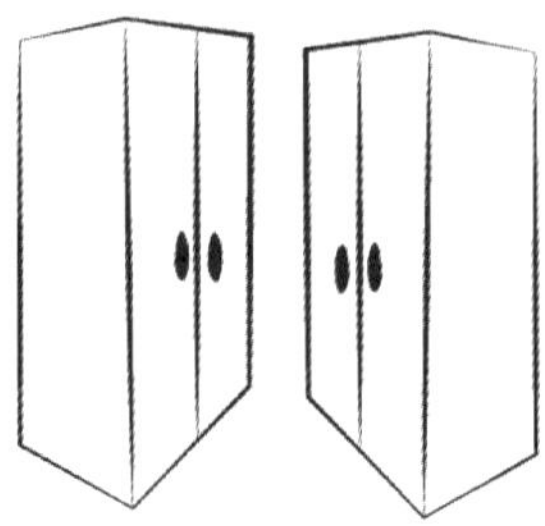

Le son **[a]** comme dans ***chat***

Le son **[i]** comme dans ***lit***

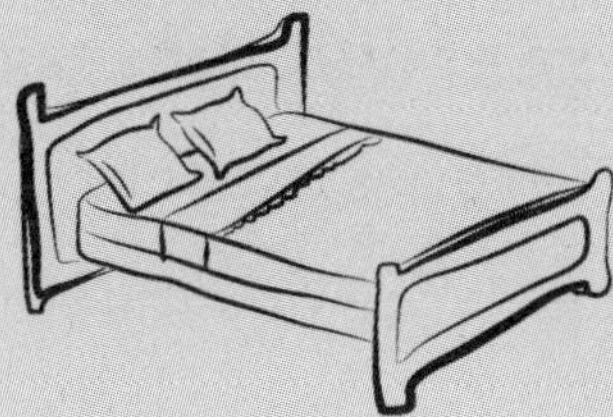

Le son **[wa]** comme dans ***armoire***

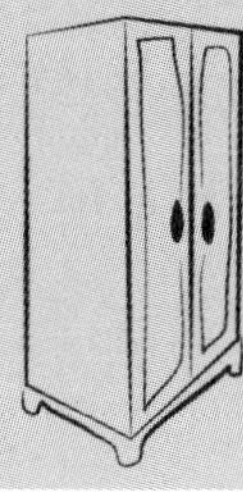

1. Les syllabes de ces mots ont été mélangées. Remets-les dans le bon ordre et écris le mot.

tu-voi-re : la ....

de-la-sa : de la ....

on-li : le ....

moi-re-ar : une ....

2. Complète les mots de ces phrases par *a – i – oi*.

J'ai .... cheté une jol .... e robe pour ma poupée.

Lund .... , c'est le premier jour de l .... semaine.

Mon chien est très s .... ge et dort dans sa n .... che.

« À t .... ble les enfants, le repas est serv .... ! »

La v .... ture de papa est g .... rée devant la maison.

3. Écris les noms des trois jours de la semaine qui contiennent la lettre *a*.

....

....

....

1. Écris les noms des jours de la semaine.

Lundi,
je me suis promené
dans le petit bois
derrière chez moi.

M..,
j'ai ramené
de gros marrons
dans mon panier.

M..,
j'ai rapporté
des champignons
dans mon panier.

J..,
maman les a fait cuire
au coin du feu
dans un poêlon.

Et v..,
je n'ai rien ramené,
je me suis reposé
toute la journée.

1. Les lettres de chaque mot sont mélangées : remets-les dans l'ordre et écris le mot. Utilise toutes les lettres.

o a m s i n

u e r

i a r j n d

v a e c

e o t r p

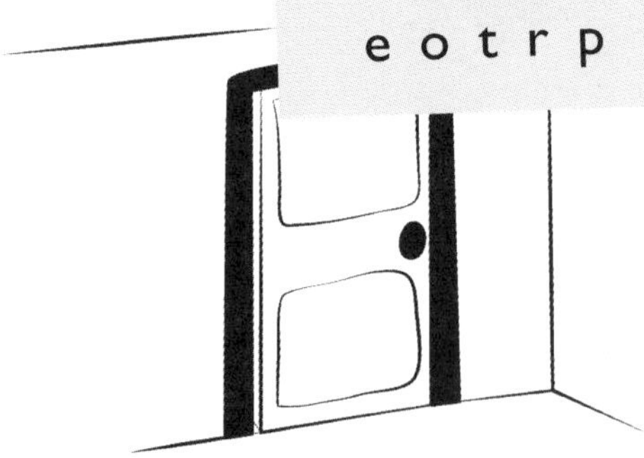

2. Écris en lettres attachées les mots suivants.

une maison : ....

PAPA : ....

maman : ....

avec : ....

UN LAPIN : ....

Le son **[l]** comme dans ***l̲une***

Le son **[R]** comme dans ***r̲obe***

1. Écris ce que chaque illustration représente.

le .... un .... la ....

2. Qui suis-je ? Réponds à ces devinettes.

Je suis un jouet rond et on m'utilise dans la cour de récréation.

Je suis le ....

Les bébés en boivent beaucoup.

Je suis le ....

Je suis une fleur mais aussi une couleur.

Je suis la ....

3. Suis le fil des lettres puis écris le mot que tu as trouvé.

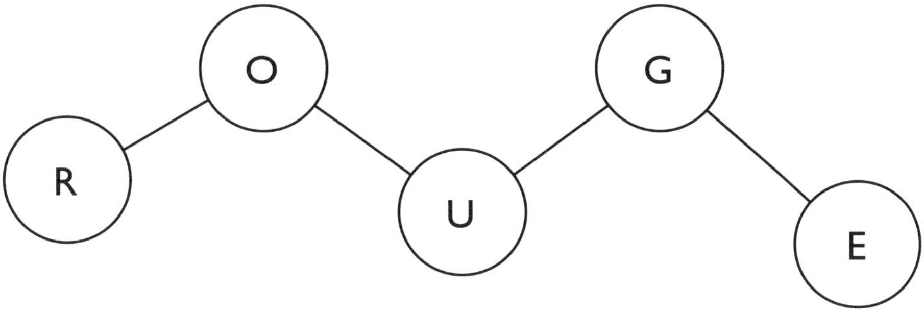

……………………………………………

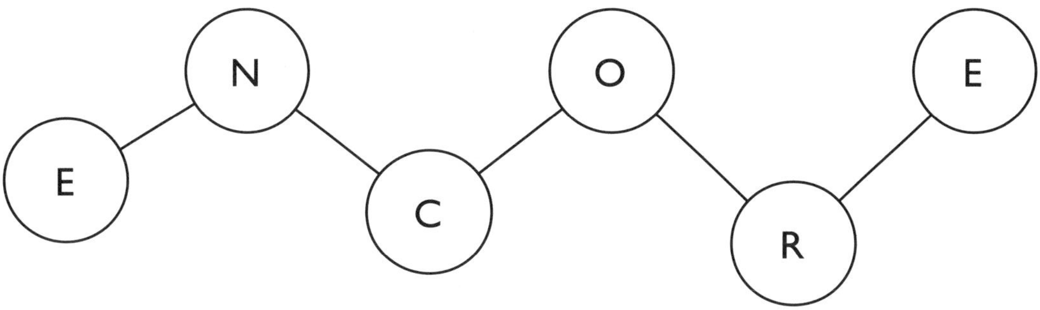

……………………………………………

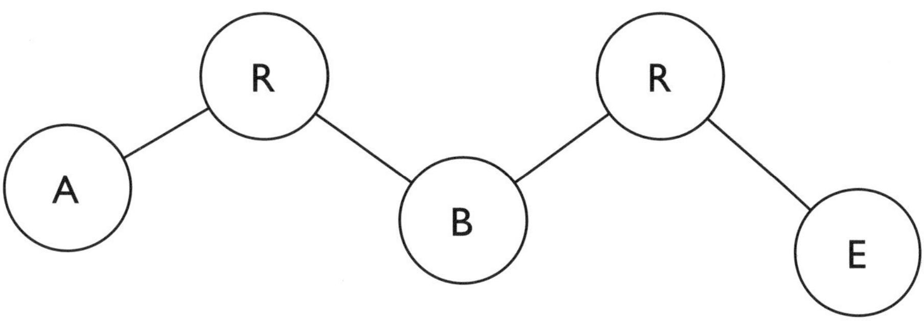

……………………………………………

L I V R E

G A R Ç O N

1. Écris deux fois chaque mot.

dans

sur

avec

et

mais

2. Invente une phrase avec les mots *dans* et *je suis*.

3. Relie l'illustration au mot correspondant. Ensuite, écris le mot.

un sac •

……………………………………

la maison •

……………………………………

une poire •

……………………………………

des fleurs •

……………………………………

de la salade •

……………………………………

un fromage •

……………………………………

du sucre •

……………………………………

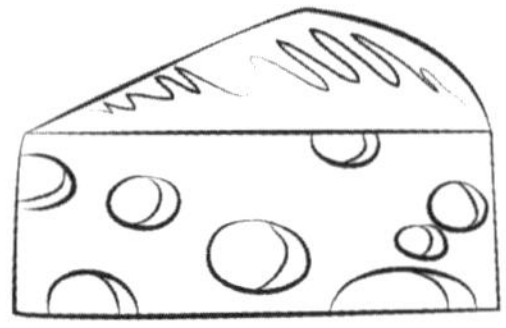

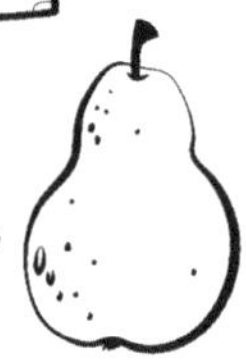

1. Complète par *le* ou *la*.

.... classe

.... lapin

.... plume

.... maison

.... bouche

2. Complète par *un* ou *une*.

.... sac

.... marché

.... ballon

.... poule

.... voiture

3. Complète chaque phrase. Choisis parmi les mots de cette liste.

livre – cahier – table – gomme – règle – frigo – classe – tableau – armoire

Dans mon cartable,

il y a un .... et une ....

Dans la .... ,

il y a un .... et une ....

Dans la cuisine,

il y a le .... et la ....

4. Écris un mot que tu connais à côté de chaque déterminant. Observe ces illustrations pour t'aider.

un ……………………… la ………………………

la ……………………… le ………………………

une ……………………… un ………………………

5. Voici des noms. Écris-les dans la bonne colonne.

pantalon – chemise – oiseau – confiture – chat –
poule – copain – nuage – bouche – semaine

le – un – mon	***la – une – ma***

Le son **[u]** comme dans ***p<u>ou</u>pée***

Le son **[y]** comme dans ***<u>u</u>sine***

1. Relie les étiquettes deux par deux pour former quatre mots.

bou •	• que
musi •	• ture
lec •	• ge
rou •	• che

2. Écris les quatre mots que tu viens de former.

1. Écris ce que tu vois sous chaque illustration.

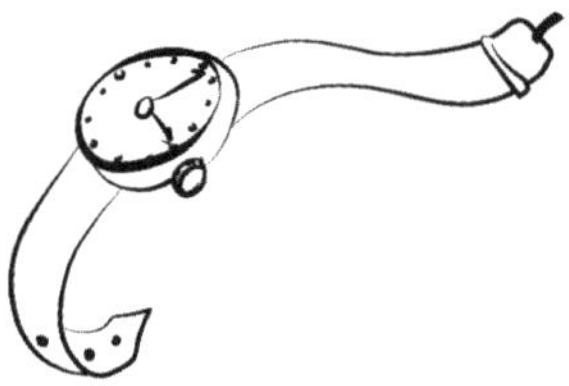

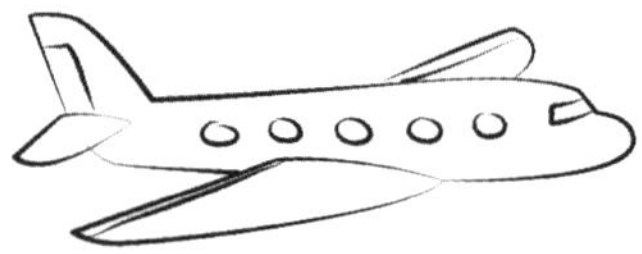

2. Classe les mots suivants dans le tableau.

compter – un bonbon – un nombre – la trompette –
le bouton – un pont

J'entends **[ɔ̃]** comme dans ***ballon***.	
Je vois **/on/**.	Je vois **/om/**.

1. Complète les mots par…

Ensuite, relis ce que tu as écrit à voix haute.

C'est le .... intemps !

une .... ante

un .... abe

ma .... asse

une .... ison

la .... age

une .... èche

le Capitaine .... ochet

la .... ume

a .... ès

une .... oche

de la .... uie

une .... uche

la .... é

une .... anète

des .... ous

1. Entoure les mots suivants dans la grille.

jamais – toujours – comme – dans – pour – sur – et – en – pas – avec

N	J	A	M	A	I	S	E
E	N	T	P	O	U	R	S
A	V	E	C	S	U	R	I
T	O	U	J	O	U	R	S
E	D	A	N	S	E	E	T
C	O	M	M	E	P	A	S

2. Écris ici les mots que tu as entourés dans la grille.

**1. Complète les phrases avec les mots de la liste.
Chaque mot ne peut être utilisé qu'une fois.**

avant – après – dans – avec – quand

Je joue .... la forêt.

Le printemps vient .... l'hiver.

J'ouvre mon parapluie .... il pleut.

Il faut bien réfléchir .... de répondre.

Je suis à la piscine .... mon frère.

2. Invente une phrase qui commence par :

Quand je dors, ...

....

....

....

3. Écris les mots suivants en lettres attachées.

aujourd'hui : ....

DEMAIN : ....

souvent : ....

TOUJOURS : ....

beaucoup : ....

4. Relie *com* aux fins de mot quand, ensemble, ils peuvent former un mot correct. Écris les mots que tu as formés.

	• prendre	....
	• bien	....
	• tent	....
com •		
	• me	....
	• per	....
	• ment	....

5. Écris en lettres les dix premiers nombres.

0 → *zéro*

1 → ....

2 → ....

3 → ....

4 → ....

5 → ....

6 → ....

7 → ....

8 → ....

9 → ....

10 → ....

Masculin le – un – mon	Féminin la – une – ma
mon papa un cahier le banc	ma maman une classe la chaise

1. Complète les phrases par le déterminant qui convient et qui est issu de cette liste.

un – une – le – la – mon – ma – son – sa

.... maison de Mamy est .... jolie maison peinte en blanc.

.... toit est pointu et tout rouge.

.... porte est peinte en vert.

Elle fait pousser des fleurs dans .... jardin.

L'arbre le plus grand du jardin est .... pommier.

Cet été, nous aurons de .... bonne compote !

2. Mets les lettres dans le bon ordre. Écris le mot, puis entoure son genre (masculin ou féminin).

P E J U → ……………………

masculin – féminin

G A S I N M A → ……………………

masculin – féminin

C O É L E → ……………………

masculin – féminin

Y O N C R A → ……………………

masculin – féminin

3. Écris ces mots dans la colonne qui convient.

maison – fleur – toit – porte – jardin – pommier – compote – chien

masculin	féminin
……………………	……………………
……………………	……………………
……………………	……………………
……………………	……………………

Masculin	Féminin
le **grand** garçon	la **grande** fille
un **petit** ballon	une **petite** balle
un cahier **bleu**	une revue **bleue**
le livre **déchiré**	la feuille **déchirée**

4. Transforme les phrases suivantes, du masculin au féminin. Aide-toi du tableau ci-dessus.

un chien méchant → une chienne ....

un livre ouvert → une revue ....

mon petit frère → ma .... sœur

un grand jardin → une .... prairie

un mauvais point → une .... note

1. Complète ces phrases avec un mot que tu connais.

Il miaule derrière la porte. C'est le ....

Ton lit se trouve dans une ....

Les légumes poussent dans le ....

Elle pond des oeufs. C'est la ....

2. Remplace les mots *il* et *elle* par des mots que tu connais.

Il lit son journal.

.... lit son journal.

Elle lit son journal.

.... lit son journal.

Elle rentre de l'école.

.... rentre de l'école.

Il rentre de l'école.

.... rentre de l'école.

3. Barre une lettre sur deux puis écris le mot que tu as trouvé.

~~A~~	D	L	E	P	P	U	U	E	I	R	S

~~B~~	C	A	O	T	M	S	M	O	E	T

~~A~~	P	B	O	C	U	D	R	E	Q	F	U	G	O	H	I

E	~~E~~	N	G	F	O	I	M	N	T

J	~~C~~	A	R	M	U	A	A	I	D	S	U

4. Trouve le mot qui correspond à chaque phrase et remplis les cases. Ensuite, écris le mot sur la ligne.

En classe, on écrit dessus.

t						

C'est le ....

On la regarde parfois le soir.

t									

C'est la ....

Il se déplace sur des rails.

t				

C'est le ....

Elle est ronde et très grande.

t				

C'est la ....

On mange dessus.

t				

C'est la ....

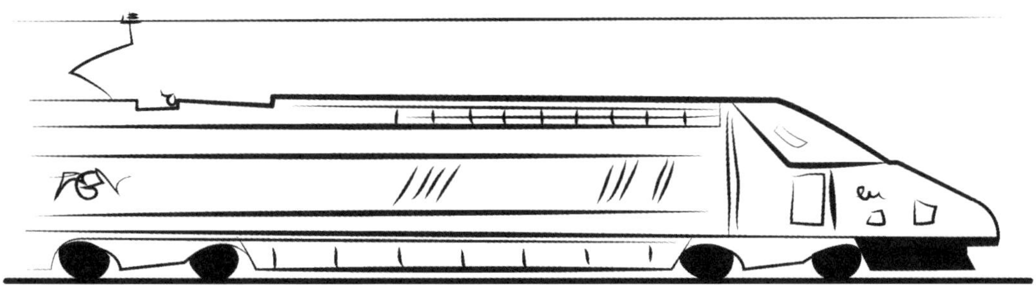

5. Suis chaque fil pour former des mots. Écris ces mots.

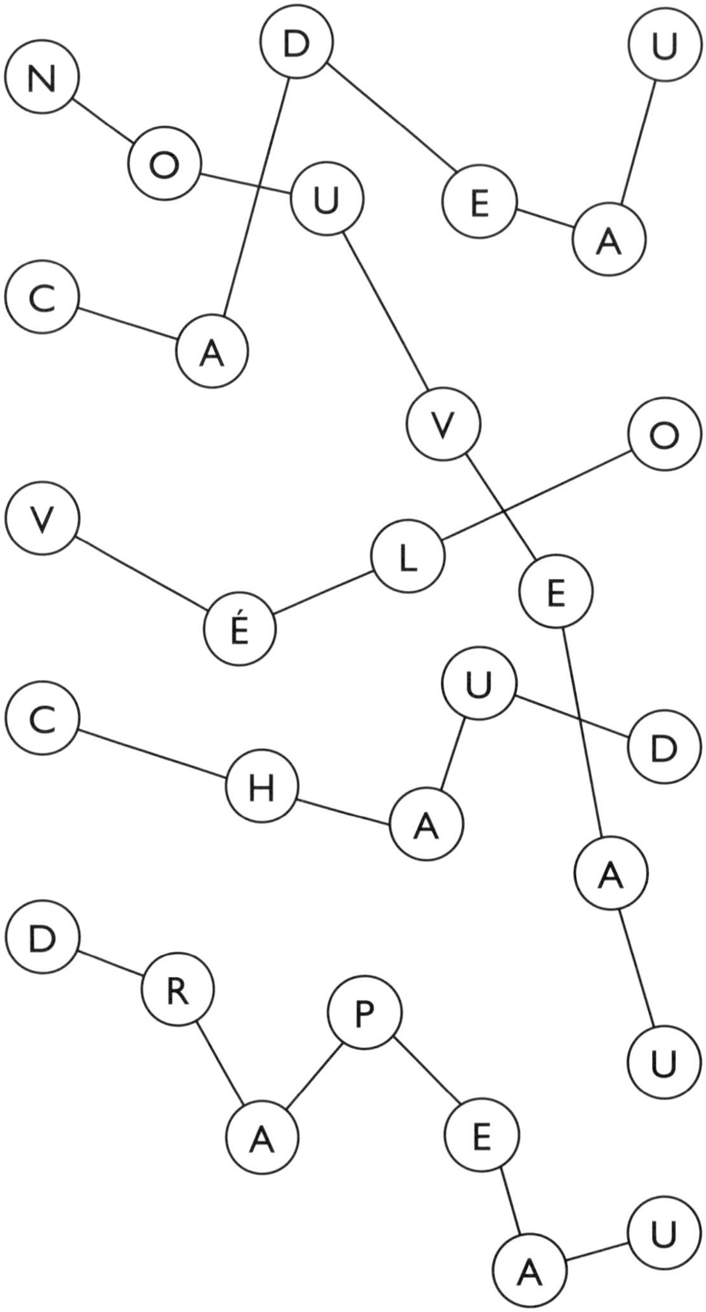

un ....

un ....

c'est ....

c'est ....

le ....

Texte 1

Il était une fois un petit chat blanc couché dans un petit panier.
Un matin, le chat voit un pot de peinture rouge.
Comme c'est joli !
Il saute dans le pot.
Et voilà un petit chat rouge !

Texte 2

Il était une fois trois petits chats blancs couchés dans un petit panier.
Un matin, les chats voient trois pots de peinture : un rouge, un vert et un orange.
Comme c'est joli !
Et chacun saute dans un pot.
Et voilà un petit chat rouge, un petit chat vert et un petit chat orange !

1. Complète le tableau avec les mots du texte 2 qui correspondent aux mots du texte 1.

Mots du texte 1	Mots du texte 2
un petit	trois petits
chat	chats
blanc	
couché	
le chat	
un pot	

2. Dans ces exemples, on transforme le singulier en pluriel. Fais de même à la dernière ligne.

 **le** chat → **les** chats 

 **mon** panier → **mes** paniers 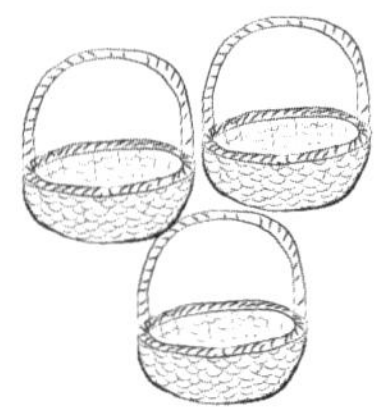

 **une** couleurs → **des** .... 

3. Passe du singulier au pluriel, comme dans l'exemple.

 *un chien → des chiens* 

 un livre → des .... 

 la pomme → les .... 

 une voiture → des .... 

 une plume → des .... 

 le mouton → les .... 

4. Complète les phrases par des mots que tu connais. Tu peux consulter tes listes de mots.

Au zoo, j'ai vu des .... ,
un .... et une ....

Dans mon cartable, j'ai des ....
et un ....

Dans la forêt, j'ai ramassé des .... et
des ....

Avant d'aller à l'école, je mange des .... ,
je bois une grande .... de lait et
un .... de jus d'orange.

5. Range les mots que tu as écrits à l'exercice 4 dans la bonne colonne.

Mots au singulier	Mots au pluriel
....	....
....	....
....	....
....	....
....	....

6. Lis ce texte. Ensuite, complète l'histoire en choisissant parmi les mots proposés sous le texte.

Il était une fois un magicien qui vivait dans une maison verte, au fond de la forêt.
La maison était verte à l'extérieur et verte à l'intérieur.
Et la cuisine ? Elle était verte !

la table
les fauteuils
les armoires
les casseroles
la télévision
le lit
la chambre
le salon
le canapé
les coussins

Et les chaises de la cuisine ? Vertes !

Et .... ? Verts !

Et .... ? Verte !

Et .... ? Vert !

Et .... ? Vertes !

Et sa baguette magique ?

Et bien, sa baguette magique était toute rouge !

7. La cuisine a changé de couleur. Maintenant, tout est bleu. Complète l'histoire à l'aide de la liste de mots de la page précédente.

Il était une fois un magicien qui vivait dans une maison bleue, au fond de la forêt.
La maison était bleue à l'extérieur et bleue à l'intérieur.
Et la cuisine ? Bleue !

Et les chaises de la cuisine ? Bleues !

Et .... ? Bleus !

Et .... ? Bleue !

Et .... ? Bleu !

Et .... ? Bleues !

Et sa baguette magique ?

Et bien, sa baguette magique était toujours toute rouge !

1. Relie les mots qui vont ensemble.
Lis ensuite les mots que tu as reliés à voix haute.
Enfin, écris ces mots.

le •
l' •

• chat — *le chat*
• ours
• lapin
• oiseau
• mouton

la •
l' •

• guêpe — *la guêpe*
• hirondelle
• girafe
• abeille
• chenille

2. Écris le nom qui correspond à chaque illustration.
Écris ensuite *le*, *la* ou *l'* devant chaque mot.

3. Le nom et son déterminant sont collés. Sépare-les par un trait. Écris le nom et son déterminant. N'oublie pas les apostrophes.

Exemples : *l a | m a i s o n* → *la maison*

l | h e r b e → *l'herbe*

l a r m o i r e → ....

l a v o i t u r e → ....

l e j a r d i n → ....

l a v i o n → ....

l é c o l e → ....

4. Écris *le*, *la* ou *l'* devant ces noms.

.... animal	.... homme	.... chocolat
.... image	.... garage	.... moto
.... élève	.... usine	.... histoire
.... sapin	.... langue	.... vache

5. Écris un mot de ton choix après chaque déterminant.

le	l' ....
la	l' ....
la	l' ....
le	l' ....

1. Écris le nombre du résultat de ces calculs en lettres.

2 + 5 = ...

10 − 9 = ...

2 + 2 = ...

8 − 6 = ...

5 + 5 = ...

2. Écris ci-dessous les mots de la liste qui comptent cinq lettres.

leçon	*garçon*	*cartable*	*maman*	*route*
chemin	*hiver*	*maison*	*gentil*	*comme*
pendant	*quatre*	*matin*	*porte*	*large*
classe	*nouveau*	*chapeau*	*neige*	*rester*

....

....

....

....

....

....

....

....

3. Écris le nom de ce que chaque illustration représente et ajoute-lui un déterminant.

4. Écris les mots de la liste qui se terminent par une lettre muette.

plusieurs – beaucoup – souris – pomme – petit – grand – comment – premier – soleil – vous – vent

Une ***lettre muette***, c'est une lettre qui ne se prononce pas quand on la lit à voix haute.

1. Écris les phrases au pluriel, comme dans ces deux exemples. Lis ensuite à voix haute ce que tu as écrit.

*Le garçon jou**e** dans la cour.*
*Les garçons jou**ent** dans la cour.*

*La petite fille chant**e** bien.*
*Les petites filles chant**ent** bien.*

Il range ses affaires.

Ils .... leurs affaires.

La vache broute dans le pré.

Les .... dans le pré.

Sofia regarde la télévision.

Sofia et Tim .... la télévision.

Sarah marche dans les bois.

Sarah et Manon .... dans les bois.

Papa cuisine tous les jours.

Papa et Jules .... tous les jours.

L'élève range ses crayons.

Les .... leurs crayons.

2. Relie les mots qui vont ensemble.

Il • • dessine

• dans la cour de récréation.

Ils • • dessinent

Elle • • joue

• en classe.

Elles • • jouent

3. Utilise les mots que tu as reliés pour écrire de nouvelles phrases.

Écris une phrase qui commence par *Il*.

Il ....

Écris une phrase qui commence par *Elles*.

Elles ....

Écris une phrase qui commence par *Les enfants*.

Les enfants ....

Page 5

1. et **2.**
Accepter toute phrase correcte.
3.
Je suis en première année.

Page 6

4.
Accepter toute phrase correcte.

Page 7

1.
la voiture – de la salade – le lion – une armoire

Page 8

2.
J'ai **a**cheté une joli**e** robe pour ma poupée.
Lund**i**, c'est le premier jour de l**a** semaine.
Mon chien est très s**a**ge et dort dans sa n**i**che.
« À t**a**ble, les enfants, le repas est serv**i** ! »
La v**oi**ture de papa est g**a**rée devant la maison.
3.
mardi – samedi – dimanche

Page 9

1.
Mardi – Mercredi – Jeudi – vendredi

Page 10

1.
maison – jardin – porte – rue – cave

Page 11

2.
Chaque mot doit être écrit sans faute.

Page 12

1.
le cheval – un lion – la poule
2.
ballon – lait – rose (ou violette)

Pages 13 et 14

3.
rouge – encore – arbre – livre – garçon

Page 15

1.
Chaque mot doit être écrit sans faute.
2.
Plusieurs réponses sont possibles.

Page 16

3.
un sac
la maison
une poire
des fleurs
de la salade
un fromage
du sucre

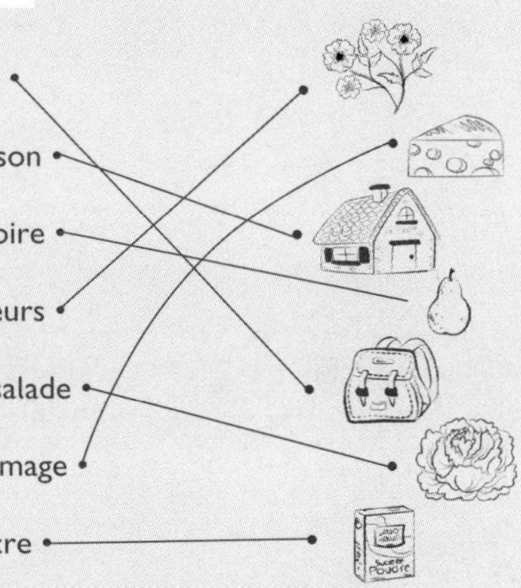

Page 17

1.
la classe – le lapin – la plume – la maison – la bouche
2.
un sac – un marché – un ballon – une poule – une voiture
3.
Plusieurs réponses sont possibles.

Corrigé

Page 18

4.
un / le : soleil, garçon (ou bébé), chien
une / la : robe, poire, vache
5.

le – un – mon	***la – une – ma***
pantalon	chemise
oiseau	confiture
chat	bouche
copain	poule
nuage	semaine

Page 19

1. et **2.**
bouche – musique – lecture – rouge

Page 20

1.
(une) montre – (un) ballon – (un) garçon – (un) avion – (une) maison
2.

J'entends **[ɔ̃]** comme dans ***ballon***.	
Je vois **/on/**.	Je vois **/om/**.
un bonbon	compter
le bouton	un nombre
un pont	la trompette

Page 21

1.
C'est le **pr**intemps ! – une **pl**ante – un **cr**abe – ma **cl**asse – une **pr**ison – la **pl**age – une **cr**èche – le Capitaine **Cr**ochet – la **pl**ume – a**pr**ès – une **cl**oche – de la **pl**uie – une **cr**uche – la **cl**é – une **pl**anète – des **cl**ous

Page 22

1.

N	J	A	M	A	I	S	E
E	N	T	P	O	U	R	S
A	V	E	C	S	U	R	I
T	O	U	J	O	U	R	S
E	D	A	N	S	E	E	T
C	O	M	M	E	P	A	S

2.
jamais – en – pour – avec – sur – toujours – dans – et – comme – pas

Page 23

1.
Je joue **dans** la forêt.
Le printemps vient **après** l'hiver.
J'ouvre mon parapluie **quand** il pleut.
Il faut bien réfléchir **avant** de répondre.
Je suis à la piscine **avec** mon frère.
2.
Plusieurs réponses sont possibles : accepter toute phrase correcte.

Page 24

3.
Les mots doivent être écrits sans faute.
4.
comprendre – combien – comme – comment

Page 25

5.
un – deux – trois – quatre – cinq – six – sept – huit – neuf – dix

Page 26

1.
La maison de Mamy est **une** jolie maison

peinte en blanc. **Le** (**son**) toit est pointu et tout rouge. **La** (**sa/une**) porte est peinte en vert. Elle fait pousser des fleurs dans **son** (**le**) jardin. L'arbre le plus grand du jardin est **un** pommier. Cet été, nous aurons de **la** bonne compote !

Page 27

2.

P E J U	→	jupe	féminin
G A S I N M A	→	magasin	masculin
C O É L E	→	école	féminin
Y O N C R A	→	crayon	masculin

3.

masculin	féminin
toit jardin pommier chien	maison fleur porte compote

Page 28

4.
une chienne **méchante**
une revue **ouverte**
ma **petite** sœur
une **grande** prairie
une **mauvaise** note

Page 29

1.
Il miaule derrière la porte. C'est le **chat**.
Ton lit se trouve dans une **chambre**.
Les légumes poussent dans le **potager** (**jardin**).
Elle pond des œufs. C'est la **poule**.

2.
Plusieurs réponses sont possibles, vérifier si le genre est bien respecté.

Page 30

3.
depuis – comme – pourquoi – enfin – jamais

Page 31

4.
le tableau – la télévision – le train – la terre – la table

Page 32

5.
un cadeau – un vélo – c'est chaud – c'est nouveau – le drapeau

Page 34

1.

Mots du texte 1	Mots du texte 2
un petit	trois petits
chat	chats
blanc	blancs
couché	couchés
le chat	les chats
un pot	trois pots

2.
une couleur → des **couleurs**

Page 35

3.
un chien → des chiens
un livre → des **livres**
la pomme → les **pommes**
une voiture → des **voitures**
une plume → des **plumes**
le mouton → les **moutons**

Page 36

4.
Accepter toute phrase qui a du sens et dont les marques du singulier et du pluriel sont correctes. Par exemple :
Au zoo, j'ai vu des **lions**, un **éléphant** et une **girafe**.

Corrigé

Dans mon cartable, j'ai des **crayons** et un **livre**.
Dans la forêt, j'ai ramassé des **marrons** et des **champignons**.
Avant d'aller à l'école, je mange des **tartines**, je bois une grande **tasse** de lait et un **verre** de jus d'orange.

5.
Plusieurs réponses sont possibles. Les mots doivent être en cohérence avec l'exercice 4.

Page 37

6.
Et **les coussins** (ou **les fauteuils**) ?
Verts !
Et **la table** (ou **la télévision** ou **la chambre**) ?
Verte !
Et **le lit** (ou **le canapé** ou **le salon**) ?
Vert !
Et **les armoires** (ou **les casseroles**) ?
Vertes !

Page 38

7.
Plusieurs réponses sont possibles, vérifier les accords.

Page 39

1.
le chat – l'ours – le lapin – l'oiseau – le mouton
la guêpe – l'hirondelle – la girafe – l'abeille – la chenille

2.
l'éléphant – l'âne – la poule

Page 40

3.
l'armoire – la voiture – le jardin – l'avion – l'école

4.

l'animal	l'homme	le chocolat
l'image	le garage	la moto
l'élève	l'usine	l'histoire
le sapin	la langue	la vache

5.
Plusieurs réponses sont possibles.

Page 41

1.
sept – un – quatre – deux – dix

2.
leçon – maman – route – comme – matin – large – hiver – porte – neige

Page 42

3.
étoile – chien – bateau – poisson – fleur
Chaque mot doit être précédé d'un déterminant correct.

4.
plusieurs – beaucoup – souris – petit – grand – comment – premier – vous – vent

Page 43

1.
Ils **rangent** leurs affaires.
Les **vaches broutent** dans le pré.
Sofia et Tim **regardent** la télévision.
Sarah et Manon **marchent** dans les bois.
Papa et Jules **cuisinent** tous les jours.
Les **élèves rangent** leurs crayons.

Page 44

2.
Plusieurs réponses sont possibles.

3.
Plusieurs réponses sont possibles, vérifier les accords sujet-verbe.